マンガでわかる

おうちのルール

小学校入学までに身に付けたい45の習慣

AD／石倉ヒロユキ
デザイン／上條美来（レジア）

もくじ

Part 1 子どもと一緒に読むページ

「さとやま子《こ》ども園《えん》」の子《こ》どもたち

タケシ

スポーツは園《えん》で1、2を争《あらそ》うほどとくい。おちつきがなく、あわてもので忘《わす》れ物《もの》も多《おお》いけど、じつは、男《おとこ》らしくてやさしい、いいヤツ。

マルオ

プチトマトのようなヘアスタイルがじまん。すなおでまじめで、勉強《べんきょう》も運動《うんどう》もがんばる性格《せいかく》。整理整《せいりせい》とんは、ちょっと苦手《にがて》。

エミ

頭《あたま》がよくてスポーツ万能《ばんのう》の美《び》少女《しょうじょ》。ちょっとうっかりしたところもあって、タケシにとってはそこがまた魅力《みりょく》。

キョウスケ

タケシの親友《しんゆう》。おうちでは、お母《かあ》さんと二人《ふたり》だけでくらしている。ちょっと乱暴《らんぼう》だけど、お母《かあ》さんを手伝《てつだ》うしっかりした一面《いちめん》も。

ノボル

字《じ》をかくのも、絵《え》をかくのも、スポーツも苦手《にがて》。お友《とも》だちと話《はな》すのも苦手《にがて》で、ときどき、部屋《へや》から逃《に》げ出《だ》してしまう。でも、いつもニコニコしていて、みんなの心《こころ》を温《あたた》めてくれる。

ダイチ

ひっこしてきた、新《あたら》しいお友《とも》だち。目《め》がぱっちりしていて優《やさ》しいので、女《おんな》の子《こ》にモテる。なぜだかいつも光《ひか》って見《み》える男《おとこ》。

トロコ

絵《え》をかくのが得意《とくい》で、いつも絵《え》をかいている。スポーツは苦手《にがて》でのんびりしている。食《く》いしんぼうで、おべんとうには、いつも大《おお》きなおにぎりが。

呼《よ》んでもいないのに、なぜかこども園《えん》に現《らわ》れる、なぞの赤《あか》ちゃん。飼《か》い犬《いぬ》のベスにのって、風《かぜ》のように現《らわ》れ、キツイことを言《い》いのこして去《さ》ってゆく。

赤《あか》ちゃん＆ベス

ウエノ先生《せんせい》

「さとやまこども園《えん》」の年《ねん》長《ちょう》さんの先生《せんせい》。すらりとしていて、ショートヘアがよく似合《にあ》う美人《びじん》。新米《しんまい》だけど、優《やさ》しくて明《あか》るくて人気《にんき》がある。

ルール 1

まいあさ、6じにはおきよう。

マルオくんのおうちはできたら**はなまる**がもらえます

お母さんと先生方へのワンポイントアドバイス

「早寝・早起き」はセットです。安定するまで1か月程度かかりますので、三日坊主にならないように気をつけましょう。また、休みの日に「遅起き」になってしまうと、「早起き」は定着しません。

あさの6じ
Pi Pi Pi
よくねたな! おなかも すいたぞ!
ゆっくり きがえて
あさ ごはんを たべて
ぱく ぱく
おてつだいを して
えほんも よめる
こどもえんでも ゆっくり あそべるよ!
あさの8じ
いいかげんに おきなさい!!
むにゃ むにゃ… まだねむい～
ああっ! もうきがえ なきゃ!
ドタ バタ
ああっ! もうちこく する～～!!
パジャマの うえに たいそうふく きてる～
しかも きょうは たいそうのひ じゃないし～
しょぼーん‥

ルール 2

あさごはんはきちんとたべよう。

ごはんと
おみそしるの
コンビが
あたまに
いいそうです

できれば
あらいものを
おてつだいしたいね

お母さんと先生方への ワンポイントアドバイス

朝ごはんが十分でないと、日中の活動に集中できなくなり、学習効果が得られなくなります。大学生も朝ごはんを食べない学生は成績が悪く、留年の原因にもなることが知られています。幼児のうちに、朝、「おなかすいた」と起きてくる習慣をつけたいものです。

やっぱりあさごはんはおさかなとおみそしるとごはんよね〜
もぐもぐ
おはしをただしくもって
しせいをよくしよう
たべたあとのおさらはかたづける
えらいわねー
こどもえんにて
あさからいっぱいあそべるわ！
ごはんよ
ふあ〜
たべたくな〜いまだねむいよ〜
オレンジジュースだけでいいや
チュー
ちょっとだけおかしもたべちゃおう
こどもえんにて
いくよー
フラフラ
おかしいななんだかちからがでない…
ボムッ
あっごめーん

ルール 3

よるは 8じ30ぷんには、おふとんにはいろう。

ぬいだものを
きちんと
たためると
いいね！

12
9
8
7
6
これが
8じ
30ぷんだね！

お母さんと先生方へのワンポイントアドバイス

お昼寝のあと、起きてから6時間程度眠れない子どももいます。保育園で午後3時過ぎまでには起こしてもらう方がよい場合があります。また、早起きができないと早寝もできません。生活リズムを守る習慣を、大人も子どもも大切にしましょう。

おふろから でたら じぶんで パジャマに きがえて…
ベッドで えほんを よんで もらって…
シャカ シャカ
はを みがいて…
8じ30ぷんには おやすみ なさい…
つぎのあさ
きょうも あさから ちょうしが いいぞー！
すっきり！
おはよう ございます！
よるの10じ
わーはは
ボリ ボリ
11じ
ここを クリアするまで がんばるぞ!!
かあさんも がんばる!!
つぎのあさ
くかー
ぐがー
ぐおー
キョウスケ おきなさい!! ちこくするわよ！
う〜ん ねむいよう…

ルール 4

ごはんのときは、テレビをけそう。

ようちえんや
ほいくえんでの
できごとを
おかあさんに
はなそう

「ごちそうさま」は
いのちをくれた
いきものへの
かんしゃの
ことばでもあります

お母さんと先生方への ワンポイントアドバイス

食事の時間に、親子でなにげない会話をする習慣をつけておきましょう。この習慣が本当に役に立つのは、二次反抗期(思春期)になってからです。二次反抗期の子どもは、自分のことを親に話さなくなりますが、この習慣があれば、なんとなくおかしい（いつもと違う）ことに気がつけますし、子どももさりげなく本音をこぼしてくれます。

マルオー ごはんよー
はーい!
ピッ
それでね、タケシくんたらね…
うん うん
タケシくんっておもしろいね!
うん うん
ごちそうさまでした
いわれなくてもおかたづけができるんだね
さっ
ギャオオオ
ぼー
それ、あついからきをつけてよ
ぼー…
ちょっとキョウスケきいてるの?
ぼー…
あちちちち!!
ドンガラガシャア
バシャア

ルール 5

テレビやビデオは、1にち1じかんまで。

タイマーは
じぶんでセット
できるといいね！

いきものの
なまえや
くもの
なまえを
おしえてもらおう

お母さんと先生方へのワンポイントアドバイス

メディア（テレビ、DVD、ゲーム、スマホ、タブレットなど）の怖いところは、いろいろあります。マンガでは生活習慣への影響が描かれていますが、幼児にはメディアに流れていることが絵空事であるとはわからない、という問題点もあります。「戦闘もの」のメディアは、友達と意見が違うときに戦うことを教えてしまいます。また、「魔法使いもの」のメディアは、空想癖を助長してしまいます。

キュー
やくそくの
一じかんね
テレビを
けして
おさんぽに
いこうよ!
ピッ
はーい!
ママ、みて
にじだよ〜
ホントだ
きれいだね!
きょうの
にじ
きれいだった
ね……
そうだね
またみようね
おやすみなさい

へんしーん
じーー…
とーう
じーー…
8:00
さぁ
ねようね!
10:00
もー
はやく
ねなさい!
ねむれないよ〜
ギン
ギン

ルール 6

テレビはけして、いきものやつちにしたしもう。

ときどき
「テレビをみないひ」を
つくってみよう

いつもより
とおくへ
おさんぽ
してみたり…

つちいじりも
おもいきり
たのしもう！

お母さんと先生方へのワンポイントアドバイス

メディアはしょせんつくり物です。本物の楽しさ・おもしろさにかなうはずがありません。また、自然に触れることで得る楽しさは、自分から主体的に飛び込まないと得られないので、メディアのような受け身の楽しさとは違います。幼児期のメディア中毒は、メディアに接する時間を減らすことで容易に改善できますが、思春期になると改善が難しく、ひきこもりなどの重大な行動異常をつくり出すこともあります。

ぼー…
溶解時計
でてこい めざましどけい
プッ
もうこんな じかんだから ファミレスで ごはんをたべようか
スーイ
あっ ツバメ！
ピュ
ピュー
ピューイ
ピューイ
やっぱりおうちで なにかつくって たべようか
うん！ おてつだいするよ！

ルール 7

えほんのおはなしやえを、おかあさんといっしょにたのしもう。

ひょうしをみて
タイトルを
よむことから
はじめよう

じぶんでえらんだ
えほんを
よんでもらおう

まずは
おきにいりの
えほんを
くりかえし
よんで
もらおう

お母さんと先生方への ワンポイントアドバイス

お子さんと一緒に楽しんでください。絵本の読み聞かせはあくまで手段です。親子でコミュニケーションをはかる題材としての絵本です。最初のうちは、子どもが楽しめる題材を選びましょう。マンガの右側の例は、絵本の内容と関係がない話をしていますが、親子で楽しめており、大変よいと思います。

たくさんの どうぶつが やってきました カバにライオン そして ゴリラ…
あ…
ねえねえ ママ！
このゴリラ パパに にてるよね…
ほんとだ にてる ……！
わーはは
どこが にてるん だろうね？
えっとねー めのところ！ あと おひげ！

どーん
かずがわかるえほん
1 2 3 4 5 6 7 8 9 10
ためになる えほん かってきたよ～
そこに いぬが 3びき きました あわせて なんびき？
え… え～～と…
もともと 2ひき いたんだよ？ だから？
う～ん う～ん
ビターン
わからない よう！
だだっ

ルール **8**

えほんは、まいにち、15ふんをめざそう。

えだけの　ほんで
おはなしを
いっしょに
かんがえるのも
いいね

なれてきたら
えも　じも
みないで
おはなしして
もらうのも
いいね

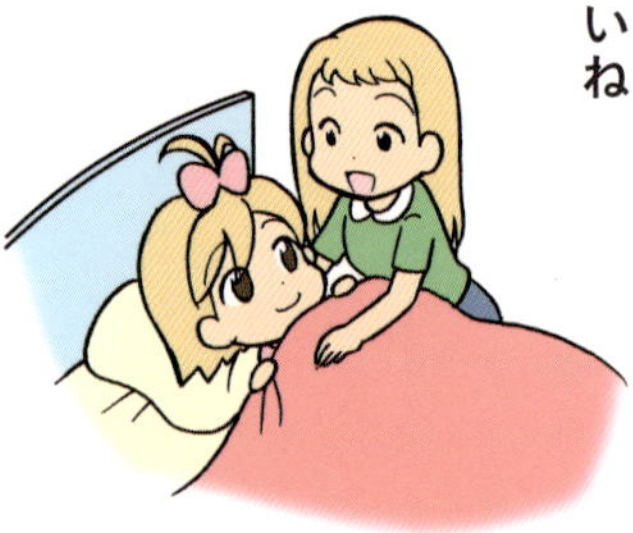

お母さんと先生方へのワンポイントアドバイス

絵本の読み聞かせが習慣化し、子どもが絵本を読むことを楽しみにするようになれば、15 分というのは、とても短い時間です。ルール 9 では、古典的な名作の読み聞かせをおすすめしていますが、15 分が楽しみになるころには、どんな絵本でも楽しんでくれることでしょう。ただし、絵本の読み聞かせのために、夜更かしをしないように気をつけてください。

めでたし めでたし… はい おしまい!
ママー つぎは これを よんでー
はいはい これが さいごよ…
そこで トラが おこって…
こっくり こっくり…
きょうは 30ぷんも よんだわ おおきく なったわね…

こんやは 15ふん よみきかせを がんばるぞ!
え~?
こっくり こっくり…
ぐう ぐう
よし! 15ふん よんだぞ
また 15ふん よめなかったわ…
がっかり…
ひるまの おしごとで つかれてるん だよね…

ルール 9

むかしばなしや イソップものがたりも よもう。

まいにち
きまった じかんに
よんで もらおう

しらない
ことばは えを
ゆびさしながら
よんで もらおう

お母さんと先生方への ワンポイントアドバイス

昔話や『イソップ物語』といった古典的な名作では、子どもがストーリーを覚えることが何より大切です。「門前の小僧習わぬ経を読む」ということわざがあります。ふだんから見聞きしていれば、いつのまにか学び知ってしまうことをいいます。子どもにとって最初は意味がわからないお話も、だんだんわかるようになることでしょう。

とうとう カメが ゴールしました
ねえ ママ
この ウサギさんは まぬけだね
そう? でも マルオが ウサギさん だったら どうおもう?
うーん うーん…
ねている あいだに おいぬくなんて ずるいって おもうよ
じゃあ マルオは ウサギとカメ どっちに なりたい?
え!?
うーん…
ビュ
あしだけ ウサギの カメに なりたい!

ルール 10

じぶんから、おてつだいをしよう。

しごとは
だまって
すばやくしよう

つぎのしごとを
かんがえて
うごこう

いわれる
まえに
きがつこう

りょうてで
ていねいに
てつだおう

お母さんと先生方への ワンポイントアドバイス

自分からお手伝いができることは、自主性を育む第一歩です。近年、自ら行動しない学生が増えており、大学でも大問題になっています。医学部のように職業養成の側面をもつ学部では致命的です。せっかく入試を乗り越えても、留年したり、なかには退学してしまったりする学生もいます。

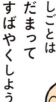

どうぞ！
ありがとう
さっ
じょうずになったわね
ぱかっ
ごちそうさまでした！
いわれなくてもできるのね！
さっ
いつもありがとう
うん！

だっ
ごちそうさま〜
テレビ
テレビ〜
おかたづけしなさい！
ぽー…
こら！
よそみしてると…
どんがしゃ
ああんっ

ルール 11

じぶんのことは、じぶんでやろう。

まいあさの
もちものの
ひょうを
はっておこう

ぬいだふくは
たたもう

だまって
さいごまで
やりとげよう

ひとりで
おきがえ
できた

おもちゃで
あそんだあとは
かたづけよう

お母さんと先生方への ワンポイントアドバイス

このルールを教えるために、まわりの大人が手本を示しましょう。前ページに留年・退学する学生のことを書きましたが、そのような学生は、あいさつや態度、時間を守るといった基本的な社会生活習慣がついていません。そのような学生の保護者と面談すると、保護者もできておらず、辟易しています。大切なお子さんのために、自ら手本となりましょう。

パジャマを
たたんで…
ぬぎぬぎ
つぎは
きがえて…
ささっ
もっていくものを
チェックして…
もっていくもの
・おべんとう
・はんかち
・ティッシュ
・○○○○
ママー
ちこくするよー
ごめんね〜
あとーぷん…
ひとりで
きがえてごらん
え〜
う〜ん
う〜ん
あたまが
でないよ〜
ふら
ふら
ずてっ
ゴチッ
すぽっ
こんなの
ボクでも
できまちゅよ
はずかしい!
かあぁ

ルール12

かぞくのやくにたつって うれしいね。

じぶんの
やくめを
きちんと　はたそう

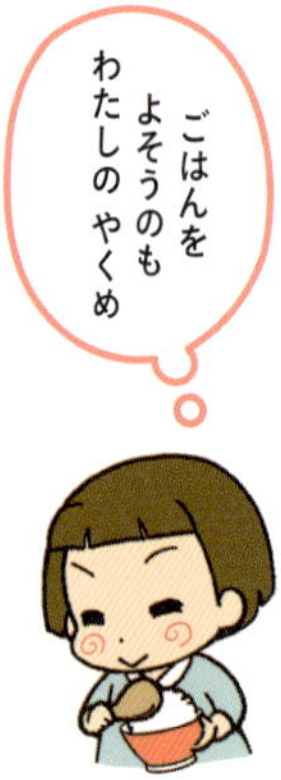
ごはんを
よそうのも
わたしのやくめ

じぶんで
しごとを
みつけよう

おかあさんの
ぶんも
かたづけよう

おもいやりを
もって
てつだおう

「どうぞ」
「ありがとう」を
いおう

どうぞ
ありがとう

お母さんと先生方へのワンポイントアドバイス

自分が他人の役に立てることは誇らしいものです。このような感覚を自己有用感といいます。この自己有用感があると、少々つらくても最後までやり通そうとする感覚（自己耐用感）が身につきます。お手伝いは、本人のよいプライドをつくる自己有用感と自己耐用感を育む第一歩です。大切なことは失敗を許容し、努力をほめることです。

せんたくものを たたむのは わたしのやくめ
ありがとう キレイに たためたね！
うん！
おとなりの まえにも…
ヒュ
こっちも おそうじ しよう
うんうん えらいぞ…
もぐ もぐ
ぷは〜
きょうのしごとは いそがしかった なあ…
さっ
こっくり
こくり
ジャー
ゴシ
ゴシ
ぐか〜
つぎのあさ
あらまぁ ようせいさんの しごとかしら！
…なんちゃって！ キョウスケ ありがとうね
ピカ
ピカ

ルール **13**

「はいっ」とへんじをしよう。

はいはーい…
これはダメ!

へんじは
おおきなこえで
「はいっ」

これはダメ!
ガタ
ガタ
ガタ
ガタ

しごとは
おとをたてずに
すばやくやろう

お母さんと先生方への ワンポイントアドバイス

返事の目標は「必要なときに、すぐに、相手の顔を見て、返事ができる」ことです。子どもたちに指導する前に、私たち大人ができているかどうかを、厳しくチェックしてみましょう。指導し始めたら、子どもたちの返事には、子どもを見て笑顔で応えてあげてください。

あるひの　こどもえん
マルオくーん ちょっときて ください
はいっ せんせい
つくえと いすを ととのえ ましょう
はいっ
さっ
たいそうのために そとにでますよ
はいっ
ふたりとも 「はいっ」と おへんじできて りっぱだね！
えへへ〜
キラ キラ
ウエノせんせいは キレイだなあ…
たたっ
キョウスケ くんも いそいでね
あっ
ドキドキ
う… うん！
はっ
かあぁ…
ふふ…
「はい」 じゃなくて 「うん」って いっちゃった…

ルール **14**

じぶんから あいさつを しよう。

げんきに
あいさつしよう

ものを
うけとるときは
「ありがとう」

お母さんと先生方への ワンポイントアドバイス

あいさつの目標は、「知人に会ったら自分からあいさつできること」です。お辞儀などのしぐさもきちんとできれば、よりよいでしょう。ほめ続けていると、知らない人にあいさつしてしまう場合もありますが、叱らず、穏やかに、教え続けましょう。

おはようございます
おはよう
おしらせをくばりますよ
ぽー…
どうぞ
ありがとうございます!
さっ
マルオくんはあいさつも「ありがとう」もきもちがいいね
せんせい…
あ、タケシくんおはよう!
フーん
あいさつってめんどうだなあ…
スタスタ
ゴゴゴゴ…
ぽんっ
せんせいにはあいさつしろよな
だいたいじぶんからするもんだぞ
わ…わかったよ…

ルール **15**

くつは そろえて ぬごう。

ぬいだくつは
こんなふうに
そろえよう

くつばこには
いちど
おくまで
いれて…

ひっぱりながら
そろえると
いいよ

お母さんと先生方への ワンポイントアドバイス

整理整頓の基本は「脱いだはき物を揃える」ですが、教える大人は、それ以外にも気を配りましょう。戸を閉める、汚れ物を片づけるなど、整理整頓にかかわることを、大人が率先して行い、まねする子どもをほめ続けましょう。子どもがすると〝邪魔〟だったり〝失敗〟することもあると思いますが、根気強く待ち、ほめてあげてください。

おはようございます
おはよう
ぐちゃっ
きっちり
トロちゃんのクツはいつもきれいにそろっていてすばらしいなあ…
クツをそろえるとなにかいいことがあるんですか?
おおきくなるまでつづければわかるよ
そとであそんでたらおそくなったぞ
おやつのじかんにおくれちゃう!
さっ
ポーイ
たたっ
ぱくっ
たたっ…
かえりのじかん
クツがかたほうみつからないよ〜

ルール 16

「ありがとう」をくちぐせにしよう。

うけとるときは
いつもりょうてで
ありがとう

みんなのために
はたらいてくれる
ひとに
かんしゃしよう

お母さんと先生方への ワンポイントアドバイス

「ありがとう」はもともと感謝の気持ちを伝える言葉ですが、相手の行動を承認する意味でも用いられます。ものを受け取るときの「ありがとう」がその例です。「ありがとう」の返事がなければ、「受け取りたくない」という感情が言外に表れます。また、「ありがとう」は子どもをほめるときにも使えます。

はい　エミちゃん
ジュースよ
ありがとう
おしらせの
プリントをどうぞ
ありがとう
ございます
おはよう
ございます
いつも
ありがとう
ございます
なんだか
しあわせ

こんにちは
おみやげだよ
いらっしゃーい
あ
たいやきだ！
ぱく
ぱく
ぱく
なにかいうことが
あるんじゃないかい？
たこやきの
ほうが
よかったなあ…
がっかり…
ごめんよ…
しつけが
なっとらんな…

ルール 17

「ごめんなさい」をいおう。

まわりをよくみてあそぼう

ボールあそびはひろいばしょでね

お母さんと先生方へのワンポイントアドバイス

「ごめんなさい」は、自分の非を認める言葉なので、子どもにとって「ありがとう」よりも少しハードルが高い言葉です。「おはよう・さようなら・いってきます・ただいま・いただきます・ごちそうさま」などのあいさつができないうちは、「ありがとう」はいえません。「ごめんなさい」はさらにその上の段階です。ゆっくり教えていきましょう。

わはは
わっ
ドンッ
どさっ
わああ…
わーん いたいよー
がーン
ぷいっ
ひどい…
ぽーん
たたっ
パシッ
ムギュ
あっ！ いてて
ごめんなさい だいじょうぶ？
えっ？ いやべつに…
よかった〜、ほんとうにごめんね
キューン
ドキドキ

ルール18

ひとのはなしは、おへそをむけて めをみてきこう。

ときどき
うなずきながら
きけるといいね

だいじなことは
ノートにかけると
いいね

おしゃべりや
よそみは
やめましょう

お母さんと先生方への ワンポイントアドバイス

相手の顔を見て話を聞くのは、社会人にとっては基本です。近年、この習慣が身についていない子どもが増えていると感じています。背景にはメディアへの過剰接触の問題があるように思います。何かをしながら食事をとったり、勉強をしたりする悪い習慣が、対人面にも表れているように思えてなりません。小さいうちによい習慣をつけてあげましょう。

きょうの おとうばんさんは マルオくん たちか…
おへそを マルオくんの ほうに むけて…
ささっ
おはよう ございます
きょうの おてんきは はれ です
めをみながら きいてあげよう
じっ…
トロコちゃんって やさしいんだな…
うんうん
ぽっ…
おはよう ございます
ぼー…
え？
ぽんぽん
ぶにっ
トロコちゃんが はなしてるだろ？ ちゃんときこうぜ…
かあぁ…
くすくす
タケシくんって やさしいんだ なあ…
きちん！

ルール 19

しずかに　おぎょうぎよく　たべよう。

たべこぼしに
ちゅうい！
ピピー
これは
ダメ！
テーブルに
ひじを
つくのは
かっこわるいよ
おべんとうばこや
しょっきには
てを　そえよう

お母さんと先生方への ワンポイントアドバイス

食事は親子のコミュニケーションの時間です。保護者自身が普段より小さめの声で話しましょう。大きな声で注意するより、にっこりわらって「しぃ〜っ」とジェスチャーで示して、うまくいったときにほめてあげましょう。

あのさぁ!
それでさー
くっちゃくっちゃくっちゃ
きたないなぁ…
ずずず〜
うぐっ
ぶばーー
たべものをくちにいれたまましゃべらない
くちをとじておとをたてずにかもう
もぐもぐ
のむときもおとをたてないで…
チューー
ごちそうさまでした!
エミちゃんにくらべておれは……

ルール20

「どうぞ」「ありがとう」をいおう。

「ありがとう」は
あいての
めをみて
いえるといいね！

てわたすときも
うけとるときも
りょうてを
つかおう

お母さんと先生方へのワンポイントアドバイス

あいさつは、コミュニケーションの第一歩です。「おはよう」や「さようなら」だけではなく、「どうぞ」「ありがとう」「すみません」「ごめんなさい」といった言葉も自然にでてくる子どもであってほしいと思います。保護者がふだんから心がけて、手本を示すようにしましょう。

いまから がようしを くばりますよー
ひとりーまい とってまわして ください
どうぞ
さっ
ありがとう ございます
どうぞ
さっ
ありがとう
さっ
どうぞ
ありがとう
がようしを まわしてください
ぼ〜
ひょーーい
べしっ
いろがみを まわしてください
は〜い
くるなら こい!
ぶんっ
ぐさっ
よこからかい!!

ルール21

ともだちを おうえんしよう。

おしえあいながら
みんなで
じょうずになろうね

しゅうちゅう
しないと
ケガするよ

お母さんと先生方への ワンポイントアドバイス

できない子をバカにせず、応援することを教えましょう。子どもは大人の話をけっこう聞いています。保護者が周囲の人をけなしていると、子どもも同じことをするようになります。お母さん同士の噂話を聞いて、子どもがまねしたり、同じ噂を広めてしまう可能性もあります。女の子ではよくおこります。

ゆら〜
ぱしっ
あ……
なんだよ　1かいも　とべないのかよ
オレなんか　100かい　とべるぜ〜！
ひゅん　ひゅん
あいたたた
おしいよ！　ノボルくん
ヒリヒリ
もっと　わきを　しめて　とんでみて！
う…うん
えいっ！
とべた！
ピョン
1、2、3、4、5…　すごいじゃない！
ピョン
なんかオレって　かっこわるい…

ルール22

あたらしい おともだちには、しんせつにしよう。

エミです
よろしくね

じぶんから
さきにあいさつ
できるといいね

おどうぐばこは
ここだよ

いろいろと
おしえてあげようね

お母さんと先生方への ワンポイントアドバイス

「困っているひとをみたら、手をさしのべる」ことです。子どものお手伝いに対して保護者が感謝を伝えることで、そうした気持ちを育てることができます。弱者へ配慮する姿を保護者が子どもに見せることでしか、この気持ちは育たないことでしょう。口で言ってもわからないと思います。

こんど ひっこしてきた ダイチくんです
くろだ ダイチ
みんな、なかよく してあげてね!
せきは エミちゃんの となりです
キラ〜ン
ガタン
よろしくね!
キラ〜
こ… こちらこそ…
ねえ トイレは どこ?
ぷいっ
しらないよ〜 じぶんで さがせば?
タ〜ケ〜シ〜 く〜ん〜
ゴゴ
ゴゴ
ヒイッ
エミちゃん
ついてきて! つれていって あげる!
ありがとう
こっちよ
ガーン

ルール **23**

ともだちの いいところを みつけよう。

かみがたや
ふくは
きちんとして
せいけつなのが
いちばんだよ

こどもは
これは
ダメ！
カッコつけ
すぎるのは
カッコわるいよ

ほめられたら
あたたかい
ことばを
かえそう

お母さんと先生方への ワンポイントアドバイス

大人でも、考え方が違ったり、性格的に苦手な人がいるはずです。そのような人たちとも、うまく折り合いをつける努力が必要です。保護者自身でさえ、この言葉の良さは、指導的立場を経験しないとわからないかもしれません。子どもに教えるときには、仲良しのお友だちと、良いところを認め合うところから始めましょう。

ずっと
おもってたん
だけどさー
キョウスケの
あたま
とりのす
みたいだよな
おまえの
あたまだって
ホウキみたい
だけどな!!
ヒュー…
ふん!
ダイチくんの
えって
ホントじょうずね
あ…
ありがとう
エミちゃんは
じが とっても
きれいだよね
うらやましいよ
ポッ
そんなこと
ないよ～
あはは
ほわ～ん
なんだか
ムカムカするぞ
ムカムカ

ルール **24**

まちがうことは、いいことだ。

せんや　かたちは
まっすぐ
きれいに　かこう

もじは
わくのなかに
ていねいに
かこうね

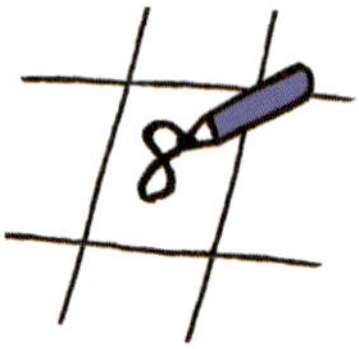

おかあさんへ

まちがいを
なおすときには
あおいまる　ではなく
ハナマル　をつけて
あげましょうね

お母さんと先生方への ワンポイントアドバイス

「失敗は成功の母」と言います。例えば、食器を落として壊し、家族がおそろいの食器で食べられない経験をして、初めて食器を大切にすることを覚えます。原因を自分で考えられない子は向上しません。理屈で言い諭すのはやめておきましょう。正しいやり方で、一緒に行うことで示してあげましょう。

う〜ん
う〜ん
あらっ ここ
まちがってるわよ！
そこも！
ムカッ
つまんない！
もう
やめる！
ぐちゃ
ぐちゃ
ぱくっ
ビリ
ビリ
うぐぐっ
のどにつまったー
は〜
うぐっ
あら
ここ
まちがってるよ
なおそうね
う〜ん
ええと〜
1・2・3
まちがったぶんだけ
おりこうになれるのよ
わーい
まちがいを
なおせたから
ハナマルを
あげます！

ルール 25

そとからかえったら、てをあらおう。

おやゆびは
はんたいの　てで
ねじるように
あらおう

ゆびさきと
つめのあいだは
てのひらのうえで
こするように
あらおう

かわいた
きれいな
タオルで　ふこう

お母さんと先生方への ワンポイントアドバイス

この習慣は、大人でもとても大切です。かぜや感染性胃腸炎などの予防対策で、最も有効性が高いのは手を洗うことです。医療現場ではアルコールを使いますが、流水で洗うだけで十分です。炊事をすれば、自然と手を洗うことになりますが、子どもも一緒に手を洗わせてください。

ガチャ
さっ
ただいま—
せっけんで
きれいに
あらおう
ゴシゴシ
おやつの
じかんよ——
は——い!!
じゃー

トンネル
かいつう!
つんつん
バタン
ただいまー
あっ
おにぎり!!
うよ
うよ
ガツガツ
うっ…!
お、
おなかが
いたい!
ゴロゴロ
ピシャアァ

ルール 26

あさ おきたら、かおをあらおう。

めのまわりと
くちのまわりを
よくあらおう

かおをあらうと
めもさめて
あさから
げんきいっぱい

お母さんと先生方へのワンポイントアドバイス

身だしなみを整えることは大切な習慣です。実は性教育の第一歩でもあります。身だしなみがきちんとしている子は、性被害に遭いにくくなります。 だらしない格好が身についてしまうと、なかなか直せません。思春期前に、洗顔など身だしなみを整えることを習慣にしてしまいましょう。

バシャ
バシャ
めんどうだから かおは あらわなくて いいや…
ぼー!!
いってきまーす
ゴシ
ゴシ
そのかお どうしたんだよ
へ?
ほっぺに「バカ」って かいてあるぞ!!
わーはははは
かあぁ…
おはよう エミちゃん!
ダイチくんのかお かがやいてる…
ゴシゴシ
きのうの らくがきが くっついちゃったんだ

ルール 27

あけたら、しめよう。

れいぞうこの
あけっぱなしは
でんきだいの　ムダ

タンスのひきだしは
りょうてで
きちんと　しめよう

ドアは
しずかに
ピタッとしめよう

お母さんと先生方への ワンポイントアドバイス

ルール 15「くつは　そろえて　ぬごう。」と同じく整理整頓の基本です。家庭内では、次の人のために開けたままにしておくこともあると思います。その時には「開けたままにしておいたよ」と一声かけることも教えましょう。

ばん
たいへんだ! ちこく しちゃう!!
いそいで きがえなきゃ!
タケシ—— いそぎな さ——い
は——い!!!
だっ
ガッ
くらっ
ドサッ
アイスクリーム アイスクリーム
キョウスケ—— 「ごめんライダー」 はじまるわよ〜
は——い!!
たたた
むわ〜ん
ドガー
バキーン
わ——ん アイスが とけちゃったよ〜
どろろろ

ルール28

おみせではしずかにしよう。

ムダづかいは
やめようね
ひとつでじゅうぶんだよ

レジでは
じゅんばんを
まもろう

お母さんと先生方への ワンポイントアドバイス

保護者自身ができていることが何よりの基本です。このような人前でのルールは、お手伝いを積極的にできて、保護者にほめられる習慣がついてから、初めて守れるようになります。「静かにしなさい」と叱ることでは身につかないことを覚えておきましょう。

スーパーでは はしらない
かわない ものには さわらない
おおきな こえを ださない
ひとつだけ かって いい？
いいわよ
サンプルコーナー
ばばーん
エミちゃん おけしょうは おとなに なってから！
ギャハハ
みろよ あのタコ
キョウスケ そっくり!!
もも
べた
へた
おしり みたいだな
あかちゃんの おしりだ!!
きょうそうだーー！
ガラガラ
イエーーイ!!
ぶつかるー!!
わーっ
どんがらがっしゃーん
かっこわるい…

ていねいなことばを おぼえよう。

このちいさい
「っ」がつく
へんじを
しましょうね

へんじは
「はいっ！」と
げんきよく

おとなには
「です」「ます」を
つけてはなそう

でちゅ！

お母さんと先生方への ワンポイントアドバイス

大人には、「です」「ます」をつけて話そうと言い換えてもかまいません。普段から、家庭内でも保護者自身が気をつけましょう。保護者自身のふだんの言葉遣いが子どもに伝わります。子どもにだけ押しつけると、子どもの反発を招くので気をつけましょう。

タケシくん おはよう
あ… うん
ブドウをいっぱい もらっちゃったから ひとつあげるわ
え? やった——
パク パク
タケシくんは いくつになったの?
ん——とね… 5さい
じゃーねー
がっかり…
「ありがとう」くらい いえないのかしら?
エミちゃん おはよう!
ペコッ
おはよう ございます!
リンゴをいっぱい もらっちゃったから ひとつあげるわ
わあ! ありがとう ございます
エミちゃんは いくつになったの?
5さいに なりました!
おかあさんに よろしくね!
はいっ! ありがとう ございました!
さようなら〜
いいこだ ねえ…

ルール30

ひとの わるぐちは やめよう。

わるぐちに
さんかしない
ゆうきもあるよね
わるぐちをいうと
きらわれるよ

ぽっーん…
あれ？
オレなんか
わるい
ことした？

わるぐちは
きかされるほうも
きぶんが　わるいね

お母さんと先生方への ワンポイントアドバイス

ルール23「ともだちのいいところを　みつけよう。」を先に教えましょう。他人の長所を認められないうちは、悪口はなくなりません。また、大人も子どもの前では、気をつけて行動するようにしましょう。

ダイチって なんか
カッコつけてて
イヤなやつだよな～
ガタッ
な～!!ノボルも
そうおもうだろ？
かげでだれかの
わるぐちを
いうのは
ひきょうだって
パパが
いってたよ！
スタスタ…
な…なんだい
あいつ…
ピクッ
なあキョウスケ
ダイチって
むかつくよ
な～
ちょっと！
タケシくん!!
くるっ
ブシュ
ぶはっ
なんで
オレまで…
またもや
きらわれた？

ルール 31

じまんは、かっこわるい。

ともだちを
おうえんして
できたら
はくしゅして
あげようね

たいせつに
つかっている
じぶんのものが
いちばん
かがやいているよ

お母さんと先生方への
ワンポイントアドバイス

なかなか教えるのが難しい項目で、なぜかっこわるいのかを教えられるのは、小学校に入ってからになることでしょう。幼児期には、自慢していても、あまり取り合わない程度でよいでしょう。ゆっくり教えていきましょう。

いろえんぴつを ようい しましょう
キョウスケのは 12しょくか～
じゃ～ん
おれのは24しょく だもんねー
こっちで いい わよね…
うん…
プイッ
こんどは 48しょくも かってもらおうかと おもってるんだー
ふ――ん…

う～ん
もう ダメだ～
ドサッ
やった～ できたぞ～
キョウスケは すごいな…
オレは ダメだな…
たいしたこと ないよ
タケシも れんしゅうすれば できるさ

ルール 32

「おしえて」と、すなおにいおう。

どんどん
ひとにきいたり
じぶんで
しらべたりすると
たのしいよ

しらない
ことを
すなおに
みとめるほうが
かしこくなれるよ

お母さんと先生方への ワンポイントアドバイス

「そんなのしってるよ」という子どもほど、実はわかっていないことが多いことを、大人は理解しておきましょう。言うこととやることが異なるのは、言っていることの意味を本人がわかっていないからです。周囲の大人が手本をみせて教えていきましょう。

ギンヤンマって じそく80キロで とべるんだよ
へ――!
マルオは むしに くわしいんだなー
じゃあさ! トンボには みみが ないって しってた?
え!? そうなの?
バッ
そ、そんなの しってるよ!
ふ～ん…
ほ…ほんとは しらなかったけど つい…
じゃあさ… せかいいち おおきい トンボって しってる?
へえ! しらなかった! なんてトンボ?
おしえて おしえて!
テイオウムカシヤンマ って いうんだ
へえ! すげー!!
オーストラリアに いるのか!
マルオって ほんとに くわしいんだな――
さっきは しったかぶり しちゃって はずかしいなあ…
かああ…

ルール 33

しせいを よくしよう。

これが
いいしせい だよ

こしを
まえに
おしりを
うしろに
あしのうらは
ゆかにつける

てをあげるときは
てんじょうに
つきさすように
あげよう

ピシッ

お母さんと先生方への ワンポイントアドバイス

姿勢が良いときに、どれだけほめてあげられるかが勝負です。いかに直すかではなく、偶然姿勢が良いときに、たっぷりほめてあげましょう。なお、スマホやタブレット、ゲーム機の使用時間が長い子どもは、それだけで姿勢が悪くなってしまうことも知っておきましょう。

エミちゃんは かわいくて にんきもの
うんどうも じょうず
ひょい
ひょい
しせいが よくて おべんきょうも できる
はいっ
わたしも せめて しせいを よくして みよう
ピン
せすじを のばすと
なんだか やるきが でてくるなあ…
ほんも しゅうちゅうして よめるし
かぜも ひきにくく なった きがする
トロコは いつも しせいが いいな!
タケシくん…
ぽっ…
バターン
バターをたべて…
ぎゃははっ

ルール34

ごはんのあとや ねるまえに はをみがこう。

みがいたあとは
チェックして
もらおう

はの
うらがわまで
しっかりと
みがくよ

お母さんと先生方への ワンポイントアドバイス

歯磨きの習慣も大切ですが、正しい歯磨きはもっと大切です。大人自身も間違った歯磨きをしていることがあります。可能であれば、虫歯がないうちに、歯科衛生士さんから教えてもらいましょう。

ねるまえに
はみがきを
しようね！
は〜い
ぺっ
ガラガラ
シャカシャカ
しあげは
おかあさんに
まかせてね
シャカ
シャカ
おやすみなさい
おやすみなさい
くまさん

ちゃんと　はを
みがきなさいよ〜
もう
みがいたよ
…ってウソだよ
めんどうくさい
んだもん
ガガガガガ
つぎのあさ
ぱくっ
あっ
いてててて
ギャー
キュイーン
いたいよー
おそろしい

ルール 35

おとながはなしているときは、しずかにしよう。

おとなの
でんわのあいだは
しずかにしよう

おはなしをする
じゅんばんを
まもろうね

お母さんと先生方へのワンポイントアドバイス

このルールは、ルール 13「「はいっ」と返事をしよう。」ができるようになって、初めて守れるようになります。返事をしてもいい加減だったり、ダラダラしている間はできるようになりません。また、周囲の大人も、このルールを守るようにしましょう。

こんやはピザにしましょう
ピッ
もしもしピザやさんですか?
あの…ちゅうもんを…
どか――ん
ぶおおお――んぶおんお――ん
ぶおんお――ん
マルゲリーター まいと…
ぶおぶお――ボボボボ
いえ4まいではなくて…
どか――んゴゴゴゴ…
え?え?
はい…それでいいです
ぶい――ん!!
なんでこんなにピザがあるの?
でんわがよくきこえなくてこんなことになっちゃったの…
ねえおかあさん!!
こんどのにちようびこどもえんでね…
うん…うん…
おかあさんたちがおはなししてる
このおはなしがおわってからぼくははなそう
じゃあそうしましょう
うん…
マルオ!まっててくれてありがとう!なあに?
えらいぞ!!

ルール36

じゅんばんを まもろう。

はい タケシくんの ばんだよ
ありがとう

すなばや ボールを つかうのも **じゅんばん**だね

ぷいっ
ガーン

じゅんばんを まもらないと きらわれるよ

お母さんと先生方への ワンポイントアドバイス

順番を守ることは、1歳半から教えられます。最初は、横入りをしたら、抱き上げて最後尾に並ばせてあげることから始めます。しつけの3原則（あいさつ・返事・はき物をそろえて脱ぐ）ができると、自然に守れるようになることでしょう。

すいどうを つかうのも じゅんばん
すべりだいも じゅんばん
ぶらんこも じゅんばん
でも ねんしょうさんには ゆずって あげても いいよね
さきに のって いいよ
トコ トコ
ぼくの ばんだ！
どけ どけ〜い!!
だだだっ
わぁ
わぁっ
つるっ
ゴロゴロゴロ
ビターン
すげえ わざだ！

ルール **37**

じぶんでかたづけよう。

いわれる
まえに
やりたいね

おやつのまえにかたづけなさい！
ぷいっ
わかってるよ！

きちんと
かたづけることは
ものを
たいせつにする
ことだよ

ぐちゃ
かたづけてあげればよかった…

お母さんと先生方への ワンポイントアドバイス

お片付けは、言ってきかせてもできるようにはなりません。いっしょに片付けることが第一歩です。また、子どもが自分でかたづけるのは、とても時間がかかります。あせらずに、ゆっくり見守ってあげましょう。

せっせ せっせ
ぐちゃ〜
はっ
そろそろ かたづけ なきゃ…
さっ
ひとつずつ ひろって…
かたづけよう
キレイに かたづいたね きょうの おやつは ドーナツよ
わ——い!! ドーナツだいすき!

そろそろ ごはんよ かたづけなさい
ぷいっ
いやだよ! めんどう くさいもん!
ガッ
あっ
ずるっ
ビターン

ルール 38

あぶないところを　おぼえよう。

よこに
ひろがって
あるくと
あぶないよ
できるだけ
いちれつに

あかは
「とまれ」
あおは
「すすめ」だよ

お母さんと先生方への ワンポイントアドバイス

小学校に入るまでに教えたいことです。安全を教えるには、安全な行動をいかに習慣づけるかが大切です。「あぶないことをしてはいけない」と指導しても、まったく無駄であることを大人が知っておきましょう。子どもは「やるな」と言われれば、試してみたくなることも知っておきましょう。

くるまに きをつけ なさいよ――
は――い！
しんごうが てんめつ している つぎの あおを まとう
チカ チカ チカ
あおになっても きちんと みぎ ひだりを たしかめて…
おうだんほどうは てをあげて わたろう
えらいぞ！
くるまや じてんしゃは ひだりがわ ひとは みぎがわを あるこうね
だっ
べつに ひだりでも へいきだよ！
あっ
ルールを まもって くだちゃい！
ごめん…
でも あかちゃんも しゃどうを はしったら だめだよ
なんで せんしゃ なんだ？

ルール 39

みちのはしを、あるこう。

みちの
みぎはしを
あるこうね

ならんで
あるくときは
ちいさいこを
くるまから
とおいほうに
してあげるのが
マナーだよ

お母さんと先生方への ワンポイントアドバイス

外では、大人と手をつないで歩くことから始めましょう。そのときに、大人が危ない側を歩くことで、このルールは自然に覚えます。弟や妹ができたら、お兄ちゃん、お姉ちゃんとして手をつないであげることも教えましょう。

あっ
ギンヤンマ
すーーい
ふらふら…
わっ!
キキ
ひーー
ー!!
キキー
バカヤロー
じょぼ
ムカッ
ぷら〜〜〜…
どん!
だだっ
よこにひろがって
あるくと　あぶないぞ!
エミちゃんの　ためにも
きをつけろよ!
らんぼうな
ひと
キライ!
ぷいっ
ガーン

ルール 40

ちいさいこには、やさしくしよう。

しゃがんで
ちいさいこの
めのたかさで
はなしてあげよう

ちいさいこは
おにいさん
おねえさんがだいすき！
いっしょに
あそんであげよう

かわいいね！
なんさい？
2ちゃい

お母さんと先生方への ワンポイントアドバイス

意外かもしれませんが、親に優しく接してもらっている子ども達は、これを自然に覚えます。逆に言えば、「ほめてしつける」ができていない家庭の子どもは、いくら言って聞かせてもこの項目を守れるようにはならないようです。子は親の鏡だと知っておきましょう。

それー
よっくんもー
だだー
なんだよ おまえ あっち いけよ!!
キョウスケ ダメじゃ ないか!
じわあ…
う…うええ…
いっしょに あそぼうか?
う…うん…
それー
きゃっ
きゃっ
よしよし じょうずだねえ
きゃっ
きゃっ
タケシくん やさしいんだね
かあぁ
はじめて エミちゃんに ほめられた!!

ルール 41

トイレにいきたくなったら、いおう。

どんなに
たのしくても
トイレには
きちんと　いこう

きゃー
ガーン

あとで
はずかしいよ

てをあげて
「トイレに
いっても
いいですか？」
といおう

トイレに
いっても
いいですか？
どうぞ

お母さんと先生方へのワンポイントアドバイス

このルールは、他のルールの例外項目です。従って、他のさまざまなルールを守れるようになってから、教えてあげてください。さもないと、サボりたいときにこのルールを子どもに使われるようになってしまいます。

ぶる
おしっこにいきたい！
ぶる…
でもなんだかはずかしくてウエノせんせいにはいえない…
なまっか〜だ
なま〜っかだ
ぶる
おしっこにいきたい！
ぶる…
ちゃららららっぱっぱ〜
でもエミちゃんとのダンスがたのしすぎていえない…
だっ
おトイレにいきたいこは…
も…もうガマンできない!!
エミちゃんちょっとゴメン!!
トイレ
あっ
どかーん
じょばー

ルール 42

おかねをはらうとじぶんのものになるよ。

おかねをもっているおとなにかっていいかきいてからカゴにいれようね

おかねをはらうまえにおみせをでるのもどろぼうだよ

お母さんと先生方へのワンポイントアドバイス

買い物のお手伝いを通して、このルールを教えてあげてください。どれほど言って聞かせるより、お店が混んでいないときに、自分でお金を出して買う練習をする方が、圧倒的に効果的です。

あっ！
カードいり
チョコだ！
レアカード
ほしいん
だけどな――
ジーー…
↑ひかりにすかしてもみえません
チラッ
こっそり
あけて
みちゃえ！
ビリ
ビリ
かうまえに
あけたら
どろぼう
でちゅよ!!
ピピー
ご…
ごめんなさい!!

ひとつ　おやつを
かっていいわよ
はーーい！
これを
かっても
いい？
いいわよ
これを
ください
はい
いいこね！
おいしいね！
うん！

ルール 43

ものを　だいじに　つかおう。

ほんを
はんたいに
いれないよう
きをつけよう

ページのあいだに
しおりを
はさもう

ほんを
ふせておくと
いたんで
しまいますよ

お母さんと先生方への ワンポイントアドバイス

このルールも、小学校に入るまでに学ばせたいルールです。意外かもしれませんが、ものを壊して惜しんだ経験があって、初めて守れるようになります。いくら大事にしなさいと言い聞かせても無駄であることを理解しておきましょう。

としょしつにて
でんしゃの
ずかん
あったぞー
おーー
ぽーい
ちょう
スピード
よみ!!
バババババ…
よめてない
でしょ!
それ!!
ぐちゃっ
ぐちゃぐちゃに
いれちゃ
ダメなんだよ
みんながよむほん
だから、たいせつに
しようって
いってたよ! パパが
う…
うん…
ごめん…
かあぁ…
なんだか
ドキドキするぞ…
ほんの
ページは
ていねいに
めくろう…
ぺらっ
とじるときは
しおりを
はさんで…
もどすときも
ていねいに…
トロコちゃんは
ステキだな…

パパやママといっしょにこうどうしよう。

ママにやりたいことをいってそうだんしよう

ママ——!!
ジェットコースター
いきたい

ホームのはしっこはあぶないよ

プァーン

お母さんと先生方へのワンポイントアドバイス

迷子になった経験が、このルールを覚えさせるのに有効です。勝手にどこかに行こうとしたら、危険が無いことを確認した上で、子どもに見つからないように、隠れて見守りましょう。失敗から学ばせることを、周囲の大人が忘れないようにしましょう。

つぎのページにつづくよ！

ルール45

こまったときは、たすけあおう。

こまっているこを
みかけたら
「どうしたの？」と
きこう

たすけてもらったら
サイコーの
えがおで
「**ありがとう**」

お母さんと先生方へのワンポイントアドバイス

ふだんからお手伝いをして、自分が他人の役に立てるという経験を積んだ子どもだけが、このルールを守れるようになります。言葉がけだけでは身に付かないルールであることを、大人であるあなたも知っておきましょう。

← つぎのページにつづくよ！

ともだちの いいところを まねしよう。

Part 2 大人のためのページ

この本の使い方と保護者・先生のためのアドバイス

1 子どもと一緒に読んで、笑うことから始めましょう。

私（横山浩之）は、長年大学の教壇に立ってきましたが、近年、学生達を見ていて、「幼いな」「しつけられていないな」と感じることが多くなりました。なかには「お客様感覚」の学生もいて、講義中に平気でお弁当を食べ始めたりします。そうした学生さんたちはおそらく、幼少時から家庭で、「勉強さえできていれば、あとは何でもＯＫ」という子育てをされてきたのだと思います。

また、私は小児科医として長年発達障害の臨床に携わり、課題を抱える多くの子どもたちを見てきましたが、最近、切実な問題だと感じているのが、家庭での愛情不足や不規則な生活習慣、過剰なメディア接触による子どもたちの行動異常です。その行動異常は、発達障害による行動異常とよく似ています。それなのに、対応の方針は異なります。

そこで私は、小学校の校長先生と協力して、子どもたちに「小学校に入るまでにできてほしいこと」をリスト化し、保育園や幼稚園に配り、働きかけています。

子《こ》どもの お手《て》本《ほん》になろう。

「早寝・早起き・朝ごはん」「メディアとのつきあい方」など、そのリストの項目を、子どもが楽しく読んで学べるよう、4コママンガ化したのが本書です。

まずは、子どもと一緒に読んで、笑うことから始めてください。

そして、笑いながら「ルールを守れているところ」をほめてあげてください。

子どもをほめてあげるために、本書を使ってあげて下さい。叱るためには使わないのがコツです。

例えば毎日一つずつ一緒に読み、それを繰り返します。拡大コピーして、目につく場所に貼ってもよいでしょう。将来お子さんが働くのに必要な「自己有用感」を育むために必要なことばかりです。

未来のお子さんと、何よりお母さんご自身の幸せのため、続けてみてください。

2 「早寝・早起き・朝ご飯」が大切な、これだけの理由。

「早寝・早起き・朝ごはん」は最重要項目です。それらがいい加減だと、昼行性の動物として生きていけないからです。

何より大切なこの習慣が身につかないと、それ以降の項目「返事・あいさつ・

靴をそろえる」や「自分からお手伝いをする」は身につかないようです。

「早寝・早起き・朝ごはん」の習慣が身についていない5歳児は、三角形を写し描きできない、落ち着いて人の話を聞いていられない、持続力がない、協調性にとぼしい、といった研究報告があります。また、睡眠時間の確保には身体を速やかに目覚めさせたり、心を穏やかに保つ効果があることが、動物実験によっても裏付けられています。

朝ご飯についても、興味深い調査結果が報告されています。文部科学省が小・中学生を対象に調査したところ、朝食を食べている子と、食べていない子のテスト結果を比べると、約20点もの差があったというのです。毎朝、決まった時間に食べる食事が、子どもの体調を整え、脳を活性化させてくれることは間違いありません。

「早寝・早起き・朝ご飯」に限らず、「おうちのルール」を教えるためにいちばん大切なことは、親がまずルールを守り、お手本を示すことです。

子どもは「大人が自分ではできていない」ことに、とても敏感です。自分ではできていないくせにガミガミとうるさい親への反発は、思春期の二次反抗期を迎える際に、とても強く表れます。きちんとお手本を示し、見習おうとする子どもの努力を、たくさんほめてあげてください。

3 過剰なメディア接触を避け、自然の中で遊びましょう。

「小学校に入るまでにできてほしいこと」では、ＴＶ、ゲーム、スマホ、タブレット端末等への接触に関して、次の5項目を挙げています。

①2歳までのテレビ・ビデオ視聴は、できるだけ避けよう。
②食事中、授乳中のＴＶ・ビデオ視聴、およびスマホいじりは禁止。
③すべてのメディアへ接触する総時間を、制限しよう。たとえば、ゲームは1日30分まで。
④子ども部屋には、ＴＶ、ＤＶＤプレーヤー、ＰＣなどを置かない。
⑤自然に親しみ、土に触れる遊びを親子で楽しもう。

これらは、日本小児科医会の提言にもあることです。
①、②については、特に重要です。2歳までは、愛着形成（人を信頼し、愛することを習得すること）や対人関係の基本を学ぶ大切な時期です。
この時期に、働きかけても反応してくれないテレビなどに過剰接触したり、

授乳中や食事中に、母親の目がスマホに奪われていたりすると、子どもは心の触れ合いやコミュニケーションを正しく習得できません。

そのような子どもは、それ以降の発達課題も誤って習得し、生活規律や学習規律をきちんと身につけることができなくなります。

自然の中の「実物」に勝る教材はありません。私の娘は、絵本に出てくるぞうさんが大好きでした。喜ぶと思って動物園に連れて行き、実物のゾウを見せたら、怯えて泣き出しました（笑）。おそらく娘は、犬くらいのかわいい生物を想像していたのでしょう。実物を通して得た知識が、何より正しい理解につながるという一例です。

4 読み聞かせって、どうしてそんなに大切なの？

絵本を読み聞かせることが大切な理由は、子どもの年齢（知的発達年齢）によって異なります。

１歳児にとっての読み聞かせは、人とのコミュニケーションを楽しむという意味で、とても大切です。絵本を媒介とした親子の楽しいやりとりを通して、

子どもの中に「他人を信じ、愛する心」が育っていきます。

2歳になると子どもは、自分の体験と絵本の内容を結びつけて喜ぶようになります。この時期までに、読み聞かせを毎日の習慣にしてしまいたいものです。

3歳を過ぎると、ストーリーを楽しめるようになり、本人の好みもはっきりしてきます。この時期にはぜひ、イソップ物語や、教訓を含む昔話も読み聞かせてあげましょう。それらの絵本は、小学校に入り、例えば「なぜ勉強しないといけないの」などと哲学的な問いを投げかけてきた時に役立ちます。「あなたはキリギリスになりたい？　それともアリになりたい？」と問うことができるからです。

4歳になると、読み聞かせは、字を読むための練習にもなります。保護者の真似をして絵本を読むふりをし始めたら、間違っていても修正せずにたっぷりほめてあげましょう。

やがて子どもの方から字の読み方を聞いてきますので、そのタイミングで教えれば、あっという間に覚えてしまいます。

読み聞かせる時間は、毎日15分を目標にしましょう。これは、小学一年生が家庭で勉強する時間の約半分を想定して立てた目標です。保護者が毎日子どもの勉強をみる習慣をつけるための目標だと言ってもよいでしょう。

5 お手伝いは、将来の就職への第一歩。

小学校入学前にお手伝いの習慣を身につけさせることは、とても大切です。お手伝いを通して、子どもは、「自分が誰かの役に立つ」という経験を積むことができるからです。

じつは、お手伝いは、就職への最初の一歩です。専門家によると、就労するためには、自己有用感と自己耐用感をもっていることが必須です。自己有用感とは「自分が他人の役に立てる」という感覚で、自己耐用感とは、「イヤだと感じても、やるべきことは最後までやりとげる」という感覚のことです。お手伝いの習慣は、その両方を育みます。子どもの人生を支えるプライドを育むと言っても過言ではないでしょう。

「お手伝いが自発的にできるかどうか」は、小学校高学年以降の学力にも影響します。小学校教育における最も高いハードルの一つとして、四年生の国語が挙げられます。筋道を立てて読み書きする能力が求められるからです。自分が動いた方がよいとわかる子は、「段取り」を理解しています。この「段取り」の能力こそ、筋道を立てて読み、書く力の礎です。

自発的にお手伝いができる子を育てる上で一番大切なことは、保護者自身が「してみせる」ことです。手本を示し、手伝ってくれたら、「ありがとう」と伝え続けましょう。自発的なお手伝いの習慣が身につくまでには、意識して指導し始めてから3年以上かかります。お手伝いの過程での小さな失敗を温かく見守りながら、根気よく続けていきましょう。

6 「しつけの三原則」って、ご存知ですか？

哲学者・教育者の森信三が提唱した「しつけの三原則」をご存知でしょうか。「①目を見て自分からあいさつ　②ハイとはっきり返事　③脱いだはき物をそろえ、立つときには椅子を入れる」の3原則を、遅くとも10歳になる前に身につけさせるべきだという主張です。森信三は、「この三原則が身につけば、他のしつけもすべて身につく」と言っています。この原則は経験則で、なぜこの3つなのかをうまく説明することはできません。ただ、これらができない子ども（大人）が、だらしなくいい加減に見えることには、誰もが納得できるでしょう。

返事やあいさつが気持ちよくできることは、対人コミュニケーションの基本です。よい返事は「はいっ」と、「っ」が聞こえるように感じられるものです。

大人も心がけたいですね。

あいさつは、「おはよう」「こんにちは」などはもちろん、「ありがとう」「ごめんなさい」といった、感謝や謝罪の言葉も含めて教えましょう。「はき物をそろえる」と「立つときに椅子を入れる」は、整理整頓の基本です。これができない子どもは、就学後にも忘れ物が多かったりします。

ちなみに長女が幼児のころ、私はこの三原則を知らず、小学校入学後に教え始めたため、ずいぶんと時間がかかりました。

その後、次女には就学前に取り組ませましたが、やはり幼児期から教えた方が早く、自発的にできるようになることを実感しました。

教えるコツは、「親が手本になる」ことに尽きます。早い子なら1歳3か月から取り組ませることができます。

7 この本は、信用される大人への第一歩です。

最後に、対人関係の基本スキルである、「ありがとう・ごめんなさい」の習慣化と、「人の話を聞く姿勢」の習得についてアドバイスしましょう。

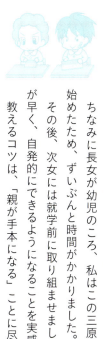

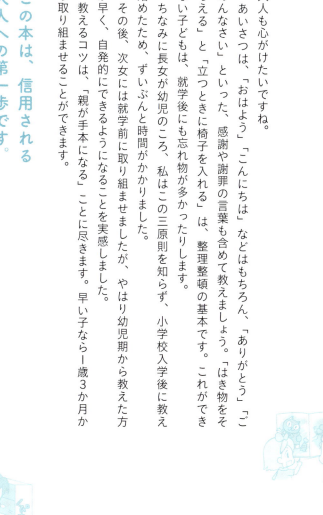

まず、「ありがとう・ごめんなさい」ですが、成長過程において子どもが自発的に言えるようになる前には、「教えられて言える」時期があります。そこから「自発的に言える」ようになるまでには、一般に3年程度かかります。だからこそ、就学前からの習慣づけが大切なのです。

言葉の理解度も、発達段階によって異なります。就学前の幼児にとって、「ごめんなさい」は、「叱言の時間を終わらせる魔法の言葉」にすぎません。「同様の悪い行動を繰り返さない」という暗黙の約束を含んだ言葉としてきちんと理解できるのは、小学校になってからでしょう。とはいえ、幼児期の習慣づけにつまずいてしまうと、成長するにつれ、子ども自身がより大きな困難に直面してしまうことになります。

次に「人の話を聞く姿勢」ですが、子どもに「相手を見ながら聞きなさい」と言っても、なかなか理解できません。ですから、「話している人におへそを向けましょう」といった具体的な指示が必要になります。

繰り返しになりますが、本書で紹介している「おうちのルール」を身につけさせるための最大のポイントは、「親が手本になる」ことです。「してみせて　言って聞かせて　させてみる」に尽きます。自ら手本を示し、失敗する機会を保障し、その失敗を温かく許し、お子さんが努力する姿を、根気強くほめ続けましょう。

してみせて　いってきかせて させてみて　ほめよう。

してみせず

いってばかりで…

させようとして…

こども　うごかず

ほめもしなけりゃ…

マンガでわかる　おうちのルール

2017年4月29日　初版第1刷発行
2022年12月27日　第2刷発行
著者／横山浩之
マンガ／明野みる

発行者／杉本　隆
発行所／株式会社　小学館
〒101-8001　東京都千代田区一ツ橋2－3－1
編集／03-3230-5683
販売／03-5281-3555
印刷／三晃印刷株式会社
製本／牧製本印刷株式会社

ISBN978-4-09-840172-7

編集／白石正明
宣伝／阿部慶輔
販売／窪　康男
制作／酒井かをり
本文デザイン／上條美来（レジア）

※本書は、科学研究費　基盤研究（C）26463404 によるものです。